ENTSPANNGUNGSHEFT

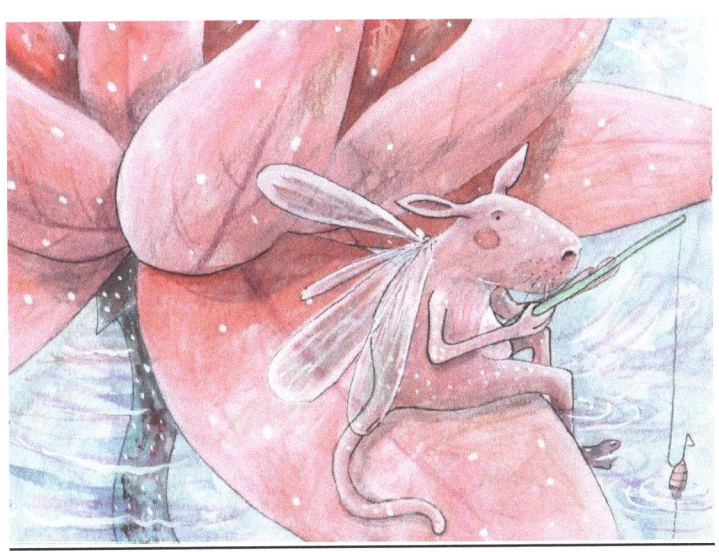

ÜBUNGEN MIT LILLY

Claudia J. Schulze

Entspannungstipps

von Lilly, Mia, Max, Oma, Mama

und Frau Wuttke

(Am besten mit einem Erwachsenen durchgehen)

Titelbild und Illustrationen : Anke Hartmann, Leipzig
Herstellung und Verlag:
BoD Books on Demand, Norderstedt
© Claudia J. Schulze, 2019
ISBN: 9783752832808

Mein Name ist Lilly. Früher war ich, ehrlich gesagt, fast immer irgendwie aufgeregt. Ich habe drei Brüder, Max, Raphael und Dominik, was vielleicht so einiges erklärt. Jedenfalls war ich gezwungen die Kunst zu erlernen, die darin besteht sich selbst zu beruhigen. Meine Therapeutin, Frau Dr. Hasenklein, hat mir ganz genau erklärt wie das geht.

Eigentlich wäre es besser, wenn du auch vorher mit jemandem übst, der sich da so richtig auskennt. Eine Trainerin, die sich total gut auskennt, (besser als ich) könnte dir alles noch viel gründlicher erklären. Aber ich beschreibe dir die Übungen trotzdem schon einmal hier.

Meine Übungen kannst du auch parallel mit einem Trainer oder einer Trainerin machen. Sie wissen vielleicht nicht so gut wie ich über störende Brüder Bescheid, so dass sich beides gut ergänzt.

Auf jeden Fall wäre es gut, wenn dir jemand ganz genau und vor Ort zeigt wie es geht. Wenn du bestimmte Erkrankungen hast, (auch da kennt sich die Trainerin aus), musst du die Übungen vielleicht anders machen oder Teile davon weglassen. Das musst du vorher mit einem Erwachsenen besprechen. Mit so jemandem wie Frau Dr. Hasenklein zum Beispiel. Meine Eltern fanden das ganz praktisch, weil nämlich die Krankenkasse für mich gezahlt hat. Um ganz ehrlich zu sein, hab ich mich von dem Stress auch ganz schön krank gefühlt. Ich konnte oft nicht gut schlafen, und in der Schule war ich dann müde. Für mich war es wirklich gut, dass ich zu ihr konnte. Sie ist wirklich in Ordnung, und ich will dir mal beschreiben was sie so macht:

Frau Dr. Hasenklein ist Spezialistin was Kinder und was Entspannung betrifft. In ihrem Wartezimmer war einmal ein Kind, das alle Hefte zerrissen und laut getobt und geschrien hat. Ich glaube, dass das der einzige Fall war, mit dem sie nicht so gut zurechtgekommen ist. Sie hat es nicht zugegeben, aber ich habe gemerkt, dass sie rote Flecken im Gesicht hatte. Das Kind hatte allerdings vermutlich wesentlich mehr gebraucht als nur Entspannung, so wie das getobt hat. Aber mir konnte Frau Dr. Hasenklein immer auch so helfen.

An dem Tag mit dem wütenden Kind haben wir die Entspannungsübungen dann gemeinsam gemacht. Zum Schluss waren auch die roten Flecken aus Frau Dr. Hasenkleins Gesicht wieder verschwunden. Und ich habe mich auch ganz prima gefühlt.
Es hilft garantiert gegen Nerv tötende Brüder, gegen komplizierte Klassenarbeiten, gegen Angst vor dem Zahnarzt - ach, eigentlich fast gegen alles.

Mia, ein Mädchen, das auch bei Frau Dr. Hasenklein war, und Entspannung ganz offensichtlich sehr nötig hatte, vor allem nachdem sie Frau Dr. Hasenkleins Praxis beinahe auseinandergenommen hätte (sie konnte sehr aufbrausend sein), gab mir den Tipp mit der Kuh. Sie trug immer ein Bild bei sich, auf dem diese beruhigende Kuh abgebildet war:

Ihrer Meinung nach half das unbedingt. Ehrlich gesagt: Es stimmt. Natürlich kann es auch ein anderes Bild sein. Das also ist Mias Tipp. Hier nun ist meine erste Übung mit dir:

Erste Übung mit Lilly:

Dabei lernst du wie du dich selbst beruhigen kannst, wenn du aufgeregt und nervös bist. Also für all die Fälle, die ich oben schon genannt habe und dazu noch einige mehr. Hier können dir die Technik des Gedankenstopps, des Autogenen Trainings und auch die Entspannungsübungen nach Jacobsen wirklich so richtig gut helfen. Wir beginnen mit der Technik des Gedankenstopps. Das ist die Lieblingsübung von Frau Dr. Hasenklein, und ich finde sie eigentlich auch so richtig gut.

Deswegen will ich auch damit anfangen. Diese Technik geht so: Zuerst frage ich mich: „ Sitze ich auch so voll und komplett bequem?"

Bei Frau Dr. Hasenklein saß ich eigentlich immer super bequem. Sie hatte so einen flauschigen blauen Sessel, aber natürlich geht es auch anderswo.

Es klappt überall dort, wo du es dir in Ruhe bequem machen kannst. Dann kannst du mit der Übung beginnen. Sobald du bequem sitzt, schließt du deine Augen, holst tief Luft und spannst dabei deine ganze Bauchdecke an. Am Anfang konnte ich das nicht so gut, aber wenn du erst einmal eine Hand gegen deinen Bauch hältst, wirst du merken, dass es das leichter macht. Du ballst jetzt zusätzlich noch die Hände zu Fäusten und hältst dabei die Luft an.

Dann nimmst du alle Gedanken, die dich nervös machen, in deine Fäuste. Du sammelst sie einfach ein, als wären es kleine, störende Mücken oder sonstige Plagegeister. Nun öffnest du in Gedanken eine große Kiste, natürlich sollte sie einen schweren Deckel haben – für alle Fälle. Man weiß ja nie. Ich jedenfalls stelle mir die Kiste immer so vor.

Also: Kiste, schwerer Deckel, und du schmeißt diese Gedanken einfach dort hinein. Du machst die Kiste nun zu, am besten mit einem richtigen Knall, stellst sie in die Abstellkammer, auf den Speicher oder in den Keller, schlägst auch hier die Tür mit aller Kraft zu und rufst laut: STOPP !!!". Die Ausrufezeichen denkst du dir natürlich nur dazu. Aber schrei so laut du kannst. Du musst dich damit sozusagen selbst erschrecken, damit deine Gedanken aufhören sich im Kreis zu drehen. Das haben manche Gedanken nämlich so an sich.

Und oft ist das nicht gerade angenehm. Das weißt du, und ihr alle, aber sowieso selber schon, denke ich. Das mit dem Stopp-Rufen war am Anfang, ehrlich gesagt, auch nicht so besonders leicht für mich. Wenn man drei schwierige Brüder hat, eine nervöse Katze und einen Hund, der bei jedem Geräusch jaulend flüchtet, dann kann man nicht so ohne weiteres laut „Stopp" rufen.

Ich habe zudem leider Ärger mit Oma bekommen, (die wollte gerade ein Nickerchen auf unserem Sofa zuhause machen als ich trainierte), mit Herrn Deuser, unserem Hausmeister, der eigentlich immer eine graue Latzhose trägt, und auch Papa und Mama, obwohl sie mich ja wirklich unterstützen wollen, waren auch nicht so sehr begeistert. Also trainierte ich erst bei Frau Dr. Hasenklein und dann mit Papa im Wald. Später reicht es aus, wenn du das Stopp nur denkst. Aber am Anfang, wenn du zum Beispiel zuhause übst, darfst du das Stopp so laut schreien wie du kannst.

Oma hat mir hierzu natürlich auch ein Stoppschild gemalt, das kannst du auch, und du solltest es Dir anschauen, während Du Stopp rufst. Sie hat, ehrlich gesagt, gleich zwei gemalt. Eines hängt sie jetzt immer vor die Tür, wenn sie einen Mittagschlaf macht. Wegen mir wäre das nicht mehr nötig. Ich bin jetzt so trainiert, dass ich das Stopp nur noch denken brauche. Bei meinen Brüdern sieht es da natürlich schon anders aus. Die machen eigentlich immer irgendwelchen Krach – fürchterlich!!! Soll Oma das Schild also ruhig hinhängen. Ich könnte mir gut vorstellen, dass es sogar auf diese Art und Weise klappen könnte. Du wirst sehen, dass sich auch deine Gedanken sofort beruhigen.

Du hältst kurz die Luft an, dann atmest du aus und stellst dir dein eigenes, ganz persönliches Entspannungsbild vor. Ich stelle mir oft Oma vor, wie sie auf dem Sofa so friedlich vor sich hinschnarcht, aber jeder hat sein eigenes Entspannungsbild.

Frau Dr. Hasenklein sagt, man kann sich zum Beispiel auch vorstellen, dass man am Strand liegt. Man kann sich zum Beispiel dann auch vorstellen wie die Sonne auf einen niederscheint, und man die Wärme angenehm auf seinem Körper spürt. Im Gesicht, an den Armen, an den Händen, an den Beinen, an den Füßen und auf dem Bauch. Jetzt, wo ich so drüber nachdenke, kann ich mir das richtig gut vorstellen. Ich sehe die Sonne wie sie im Meer glitzert, sehe die Wellen des Meeres wie sie kommen und gehen. Und ich liege einfach nur da, ganz ruhig und entspannt. Nicht schlecht, kann ich da nur sagen. Du kannst dir aber dein eigenes Entspannungsbild vorstellen. Jeder Mensch hat seine eigenen, ganz persönlichen Entspannungsbilder. Stelle dir jetzt also bitte dieses eigene Entspannungsbild nun vor. Ich würde ja gerne Gedanken lesen. Kann ich aber nicht, und ich würde es auch nicht machen, wenn ich es könnte.

Ehrenwort! Denn dein Entspannungsbild gehört nur dir allein. Es soll dir helfen und kann dein Geheimnis sein, immerhin geht es nur dich selbst etwas an. Wenn du magst, kannst du es mitteilen, aber, wie gesagt, das musst du nicht.

Merkst du denn wie deine nervösen Gedanken jetzt immer mehr in den Hintergrund geraten, und du Stück für Stück immer ruhiger wirst? Alles andere wird komplett unwichtig für dich. Nur dieser Moment jetzt zählt.

Das, was du loswerden willst tritt zurück. Du atmest tief ein und aus. Dein Entspannungsbild steht ganz deutlich vor dir, so lange bis du merkst, dass es dir schon viel, viel besser geht. Dann kommst du langsam zurück und öffnest deine Augen, räkelst dich ein bisschen und stehst dann ganz entspannt auf. Der Gedankenstopp bedarf der Übung. Du wirst mit jeder Übung besser werden! Also bei mir war es jedenfalls so.

Deshalb empfiehlt sich ihn 3-mal am Tag zu üben. Am Anfang habe ich es sogar noch öfter gemacht, bis ich dann gemerkt habe, dass ich es konnte. Aber dreimal am Tag, sozusagen für jeden meiner Brüder einmal, ist eine richtig gute Zahl. Versuche, ich mache das auch, deine Übung ganz automatisch in deinem Tagesablauf unterzubringen, z.B. kannst du das direkt vor dem Aufstehen, vor dem Frühstück, vor dem Mittagessen, am Nach-mittag, wenn du eine Pause brauchst, (so wie meine Oma und unsere Katze), oder am Abend vor dem Schlafen machen. Dann, wirst du sehen, kann wirklich überhaupt nichts mehr schiefgehen. Nachdem du den Gedankenstopp richtig gut beherrschst, können wir nun zur zweiten Übung gehen, die ich dir vorstellen möchte, und die ich natürlich auch von Frau Dr. Hasenklein kenne. Sie hat unheimlich viel von diesen Übungen drauf.

Zweite Übung mit Lilly

Hier habe ich einige weitere Übungen für dich, die dir diesmal zeigen sollen wie du nicht nur deinen Kopf, sondern auch deinen Körper ganz gezielt entspannen kannst. Wenn du nervös bist, dann spürt das nämlich auch dein Körper, ist ja logisch. Aber du kannst etwas dagegen tun: Du kannst deinen Körper entspannen, dann entspannt sich auch der Rest von dir automatisch. Ich habe das selber oft ausprobiert und kann es daher weiterempfehlen. Ich probiere die Sachen sowieso immer erst aus, bevor ich sie weiter-empfehle. Das hat mir bisher echt eine ganze Menge Ärger erspart. Und weniger Ärger ist automatisch meist weniger Stress, soviel steht schon mal fest. Aber jetzt zu der Übung: Der Vorteil daran ist, dass du deine Nervosität verlierst und wieder einen klaren Kopf bekommst. Du wirst sehen! Lege dich auf deinen Rücken. Deine Beine berühren sich bei dieser Übung nicht. Sie liegen also ganz locker und entspannt unter deinem Oberkörper. Mache es dir richtig gemütlich, so wie es für dich optimal ist. Versuche danach gleich mal bestimmte Muskeln anzuspannen und danach wieder zu entspannen. Wir starten jetzt, so wie bei Frau Dr. Hasenklein, zunächst mit deinen Händen und den Armen. Stelle dir bitte etwas Schönes vor, zum Beispiel, dass du an einem Strand sitzt. Das würde auch gut zu der Arm- und Beinübung passen, und zwar wegen des Sandes. Wirst du gleich verstehen, versprochen. Also: Außer dir ist niemand da oder zumindest fällt dir niemand auf. Du bist ganz für dich. Du willst nun mit deinen beiden Händen einen Sandabdruck in den Sand machen. Drücke bitte so fest du nur kannst! Der Sandabdruck soll nämlich richtig tief werden! Jetzt Hände und Arme wieder entspannen. Und: Gefällt dir das? Ich fand es immer toll. Weiter geht die Übung dann mit dem Gegenteil der Anspannung, nämlich mit der Entspannung. Du lässt nun alle Muskeln los. Fühlst sich gut an, oder? Und jetzt muss man das Ganze gleich nochmal von vorne machen. Du machst jetzt also einen zweiten Handabdruck in den Sand. Da du schon weißt wie das geht, fällt dir die Sache nicht schwer. Dieser Abdruck ist also, wie schon gesagt, noch tiefer als der erste! Du entspannst deine Finger, deine Unterarme und deine Oberarme, alles sozusagen an dir anschließend.

Atme einmal ganz tief ein und ziehe dabei deine Schultern hoch bis zu deinen Ohren. Denke jetzt an einen Wind, der aufkommt. Es ist ein leichter, warmer Wind.
Halte die Luft für einen Moment an, lass die Luft dann aus dir herausströmen, so als wärst du selbst der Wind. Wenigstens sein Stellvertreter. Spürst du wie sich deine Schultern und dein Nacken dabei ganz toll entspannen?
Deine Brust und dein Bauch strecken sich ebenfalls. Plustere dich nun auf wie ein Pfau. Hole dazu ganz tief Luft, mache dich ganz breit und dick; so dick wie ein Elephant darfst du sein – und so vollgefüllt mit Luft, dass du vielleicht sogar fliegen könntest – wer weiß?
Na ja, das wohl nicht, aber du weißt sicher wie ich das meine. Halte die Luft an. Lasse nun alle Luft mit einem Mal aus dir herausströmen, bis keine Luft mehr in dir ist. Nun macht dein Atem wieder alles ohne dich.
Er atmet ganz selbstverständlich ein und aus. Noch einmal: Ganz tief einatmen und tief Luft holen.

Luft anhalten und ausatmen. Die Entspannung darf sich immer weiter ausbreiten. Deine Arme sind locker und frei.

Dein ganzes Gesicht ist weich und ruht sich aus. Nun kommt dein Rücken dran. Es ist wichtig, dass nacheinander mal so wirklich alles an dir entspannt wird. Das habe ich selbst so gelernt, und ich muss sagen, dass es mir echt geholfen hat. Ich nenne das, was jetzt kommt, die dritte Übung. Damit du nicht woanders hinmusst, bleiben wir gleich am Strand. Da kennst du dich mittlerweile ja auch schon aus. So was ist niemals zu unterschätzen!

Dritte Übung mit Lilly

Für die dritte Übung mit mir halte bitte deine Arme ausgestreckt hinter deinen Kopf. Mach dich so lang wie möglich und spüre wie dein Rücken länger und länger wird. Auch die Beine verlängern sich. Entspanne nun wieder deine Arme und Beine. Wiederhole diese Übung ruhig noch ein-, zwei- oder sogar dreimal.

Du weißt ja, dass ich drei Brüder habe, und da mache ich zur Sicherheit für jeden der drei die Übungen, also gleich dreimal. Damit ich mir auch ganz sicher sein kann meine Nerven zu bewahren, wenn sie wieder mal anstrengend sind. Das kommt im Grunde dauernd vor. Mit diesen Übungen hab ich aber gelernt mich ziemlich gut dagegen zu wappnen. Es kann auf keinen Fall schaden die Übungen mehr als einmal zu machen, sag´ ich immer.

Aber das entscheidest du selbst. Es soll alles so laufen wie es für dich am allerbesten ist.

Jetzt geht es weiter: Entspanne jetzt mal deinen Rücken. Deine Schultern sind mittlerweile durch das viele Entspannen ganz weich und locker geworden. Du atmest auch total entspannt. Ruhig fließt dein Atem ein und aus. Nichts kann dich jetzt noch aus der Ruhe bringen. Nun geht es um deine Beine, auch sie sollen natürlich entspannt werden; ist ja klar.

Du bist noch immer am Strand. Ist ja nicht verwunderlich. Der Strand ist eben ein echt guter Ort. Für jede Form von Entspannungsübungen absolut geeignet. Allerdings kannst du dir den Strand innerlich genauso bauen wie du ihn haben willst. Du kannst auch aussuchen wer mit Dir dort sein wird.

Streng genommen muss er dabei noch nicht mal mehr aussehen wie ein Strand. Deiner Phantasie sind keine Grenzen gesetzt. Vor allem soll es ja nämlich darum gehen, dass du dich gut entspannen kannst, und dass die Übung dir hilft. Stelle dir nun vor, du wühlst und gräbst mit deinen Zehen im warmen Sand. So eine Zehe nach der anderen, immer tiefer und tiefer. Das kannst du sicher so richtig gut. Mit den Zehen hat man viel mehr Kraft als man denkt. Finde ich zumindest. Aber probiere es selbst aus. Du gräbst dich richtig fest mit deinen beiden Füßen in den Sand ein.

Das kann ein paar Minuten dauern, nicht übertrieben lang, aber vier Minuten kannst du da ruhig herum-graben in deinem imaginären Sand. Nun ziehe deine Füße wieder aus dem warmen Sand heraus.

Entspanne nacheinander bitte deine Waden, die Knie und deine Oberschenkel.

Ganz entspannt und aufgelockert fühlen sich deine Beine nun an. Genial, oder? Dein ganzer Körper ist dabei nun vollkommen relaxed, total entspannt und innerlich gelöst. Und, hat dir diese Übung gefallen? Wie der Name schon sagt, ist es eine Übung, das heißt, dass du es regelmäßig wiederholen solltest, um dann eine wirklich durchschlagende Wirkung zu erzielen. Diese drei Übungen kannst du auch mit weiteren inneren Entspannungsbildern, mit dem Gedanken an einen Geruch, den du sehr gerne magst

(Vanille, Zimt, der Geruch von Schwimmbad oder Sonnencreme, Erdbeeren, Schokoladeneis, Kuchen, Brötchen. frisch gemähtem Gras etc.) anreichern und ausbauen. Das Gleiche gilt auch für Musik, die du gern hast. Du kannst dir aber auch Menschen vorstellen, die du besonders magst, Tiere, oder auch Helden aus deinen Lieblingsgeschichten und so weiter. Es gibt keinerlei Beschränkungen. Das ist ja das Tolle daran! Ich stelle mir manchmal ein Schweinchen beim Angeln vor. (Wenn ich mir nicht gerade Oma oder die Katze des Nachbarn vorstelle).In meiner Vorstellung ist es allerdings kein normales Schweinchen, eher eine ziemliche phantastische Mischung aus mehreren Tieren. Aber, wie gesagt: Der Phantasie sind keine Grenzen gesetzt. Manchmal nehme ich aber auch ganz alltägliche Bilder. So wie eben, hab´ ich ja bereits erwähnt, meine Oma beim Mittagsschlaf, die Nachbarkatze, die im Sommer auf den heißen Steinen liegt, (sie ist nicht so nervös wie unsere eigene Katze), den ständig gähnenden Dackel von meinem Onkel Wilfried. Es gibt wirklich zahllose Möglichkeiten. Das mit dem Schweinchen klingt vielleicht komisch, noch komischer als der Dackel von Onkel Wilfried aber es ist wirklich total beruhigend. Ich habe es schon oft erfolgreich ausprobiert.

Das Schweinchen hat einen Namen, aber den möchte ich lieber für mich behalten. Das kannst du auch. Diese Entspannungsreisen gehören ganz dir alleine und du brauchst niemandem davon zu erzählen, wenn du nicht magst. Ich persönlich würde mich hüten meinen Brüdern davon zu erzählen, obwohl die drei eine Entspannungsreise ganz gut gebrauchen könnten.

Aber, na ja, auf ihre kleine Schwester würden die ohnehin nicht hören. Und wenn sie dann noch über mich lachen würden, nee, da kann ich drauf verzichten. Aber dir hab ich die Übungen und auch die Entspannungsreisen jetzt mal gezeigt.
Probiere es ruhig mal aus. Dabei wünsche ich dir ganz viel Spaß und Erfolg.

Die vierte Übung ist eine Übung zum Autogenen Training. Das geht so:

Vierte Übung mit Lilly

Du legst dich flach auf den Boden, am besten auf eine Matte. Du kannst dich aber auch in dein Bett legen. Achte vorher darauf, dass du nicht gestört werden kannst. Ich mache die Übung immer dann, wenn meine Brüder beim Fußballtraining sind. Aber du wirst deine eigenen Zeiten haben. Telefon und alles andere schalte ich vorher aus. Meinen Eltern und Oma sage ich vorher, dass ich auf keinen Fall gestört werden möchte. Frau Dr. Hasenklein sagte, dass das enorm wichtig sei.

Aber jetzt erzähle ich dir, wie ich das Autogene Training bei Frau Dr. Hasenklein gelernt habe. Die vierte Übung enthält sieben verschiedene Übungen.

4-1

Du beginnst mit der **Ruhe-Übung**. Dazu sagst du dir: „Ich bin ganz ruhig, nichts kann mich stören".

Es ist wichtig, dass du dich innerlich und äußerlich ungestört fühlst.

4-2

Die **Schwere-Übung** kommt danach. Du sagst dir: „Meine Arme und Beine sind ganz schwer."

Fühle diese Schwere in deinen Armen und Beinen ganz deutlich! Es soll eine angenehme Schwere sein, also nicht zu schwer. Gerade richtig für dich. Durch Üben findest du das heraus. Es kann sein, dass du erst ein wenig herumprobieren musst. Doch dann wirst du die für dich genau richtige Schwere finden.

4-3

Bei der **Wärme-Übung** sagst du: "Meine Arme und Beine sind warm!"

Auch hier sollst du die Wärme spüren. Sie soll gerade angenehm für dich sein. Also nicht zu viel und nicht zu wenig. Durch Übung wird es dir gelingen, genau die Wärme zu erzielen die du dir wünschst.

4-4

Bei der **Atem-Übung** sagst du: „Mein Atem fließt ruhig und gleichmäßig". Beachte hier nochmals, dass dir gerade diese Übungen am besten jemand wie Frau Dr. Hasenklein genau zeigt. Hier erfährst du allerdings schon einmal worum es geht.

4-5

Die fünfte Übung beim Autogenen Training ist die **Herz-Übung**. Du sagst. „Mein Herz schlägt ruhig und regelmäßig".

Sage aber keine Wörter wie „langsam". Es soll ja nicht langsam schlagen, sondern ruhig und gleichmäßig. Die richtige Wortwahl ist an dieser Stelle also daher ganz besonders wichtig, das leuchtet ein.

4-6

Die sechste Übung, die **Sonnengeflechts-Übung** konzentriert sich auf das Zentrum deines Bauches. Du sagst: „Mein Bauch wird strömend warm". Wie bereits schon bei der Wärme-Übung sollte es selbstverständlich eine angenehme Wärme sein, ein wohltuendes Strömen.

4-7

Die siebte Übung ist die sogenannte **Kopf-Übung**. Hierzu sagst du dir: „Der Kopf ist klar, die Stirn ist kühl." Wie vorher bei der Wärmeübung geht es auch hier darum die Kühle auf deiner Stirn als etwas Angenehmes zu empfinden. Ich vermute einmal, dass du keine eisgekühlte Stirn haben möchtest- nur eben *angenehm* kühl. Am Ende sagst du dir: „Tief Luft holen! Augen auf!" Dann streckst und räkelst du dich und kommst wieder zurück auf deine Matte.

Du bist jetzt ganz entspannt und nichts kann dich mehr schocken! Mir hat das sehr geholfen! Wenn du regelmäßig übst, dann kann wirklich nichts mehr schiefgehen! Es gibt aber noch weitere Tipps, die dir helfen könnten. Zum Beispiel gehe ich ein paar Mal die Woche mit Oma und dem Nachbarshund Fritz in den Wald. Wir machen dort einen richtig langen

Spaziergang, mindestens drei Stunden lang. Das klingt vielleicht erst mal ein bisschen langweilig, doch das ist es nicht. Im Gegenteil. Man kann alles um sich herum vergessen. Ich achte dann nur noch auf Fritz und darauf wie es ihm im Wald gefällt. Alles, was einen tagsüber so bedrückt, ist dann ganz weit weg.

Ich denke dann auch nicht daran was ich noch alles machen müsste, sondern sage mir, dass ich jetzt komplett Pause habe. Dafür ist es mir aber wichtig in den Wald zu gehen. Wenn ich zuhause wäre, könnte ich wahrscheinlich nicht so gut abschalten. Meistens säße ich dann vielleicht vor dem Handy oder dem Fernseher, dem Telefon oder Computer. Den Kopf bekomme ich nur bei meinen Spaziergängen frei. Hinterher kann ich dann meist auch nochmal etwas lernen ohne gleich nervös zu werden, wenn ich es nicht verstehe. Meine Nerven sind dann sozusagen noch von der Zeit mit Fritz draußen gestärkt. Vielleicht fällt dir auch so etwas Ähnliches ein. Es ist nämlich besonders gut, wenn man die reinen Entspannungsübungen noch mit etwas ganz anderem kombinieren kann. Dann hast du dadurch gleich mehrere Dinge, mit denen du dich selbst unterstützen kannst. Viel Spaß und Erfolg wünscht dir

Von Herzen Lilly

Notizen zu den Übungen von Lilly:

Progressive Muskelentspannung, Phantasiereise, Autogenes Training, Spaziergänge mit Oma und Fritz, Technik des Gedankenstopps...

Übung mit Max:

Ich bin Lillis mittlerer Bruder Max, und ich kann dir versichern, dass auch kleine Schwestern ziemlich anstrengend sein können.
Von größeren Brüdern will ich erst gar nicht anfangen...
Meine Entspannung ist anders als die von Lilli. Ich entspanne mich am besten durch Bewegung.
Wenn ich nervös bin, renne ich erst mal die Treppe hoch oder gehe eine Runde Fußball spielen. Ich fahre mit dem Rad oder mache sonst was, damit ich so richtig aus der Puste komme.

Wenn ich meinen Körper dann ganz genau spüre und auch die Anstrengungen, dann fühle ich mich hinterher viel weniger nervös.
Manchmal, wenn ich ganz alleine bin, lasse ich einen lauten Schrei los. Einen richtigen Urschrei. Da muss man aber wirklich vorher darauf achten, dass niemand in der Nähe ist. Derjenige könnte sonst einen enormen Schreck bekommen, so schlimm, dass nicht mal mehr Entspannung hilft. Also: Immer erst sichergehen, dass wirklich niemand da ist.
Manchmal ziehe ich auch die Schultern hoch und halte dabei die Luft an. Dann lasse ich die Schultern wieder herunter und atme tief aus.

Diese Übung habe ich von meinem Fußballcoach, und ich finde sie gar nicht schlecht.
Ich kann mich danach meist wesentlich besser auf alles Mögliche konzentrieren:

Auf Fußball, auf meine Hausaufgaben, und ich kann auch besser schlafen. Insgesamt bin ich danach auch viel weniger „hippelig". Der Körper muss sich richtig angestrengt haben. Dann wirkt es am besten.

Und ab und zu, wenn ich super-nervös bin, beginne ich mich auf Geräusche zu konzentrieren. Zum Beispiel höre ich draußen einen Wagen. Dann konzentriere ich mich auf das, was ich fühle. Zum Beispiel fühle ich wie sich das Hemd auf meinem Körper anfühlt.

Dann berühre ich etwas, z.B. ein Glas und fühle wie es sich in meiner Hand anfühlt. Ich fühle meine Füße auf dem Boden. Dann wieder höre ich das Auto etc. Ich mache das so lange, bis ich überhaupt nicht mehr nervös bin.
Diese Technik habe ich ebenfalls von meinem Fuß-balltrainer gelernt.
Vor einem Spiel ist es wichtig die Konzentration zu sammeln und zu bündeln. Man darf sich von der Nervosität nicht beherrschen lassen. Daher finde ich diese Übungen sehr hilfreich und sinnvoll. Zudem

gelten sie nicht nur auf dem Fußballplatz, sondern auch so im Leben. Man kann sie wirklich überall anwenden und überall unauffällig üben.

Für mich war das ganz wichtig – und ist es immer noch. Lilli denkt manchmal, sie sei die Einzige, die nervös ist. Aber auch Jungs, selbst wenn sie gar nicht so wirken, können ein ähnliches Problem haben.

Bei mir kommt niemand darauf, aber ich finde, dass nichts dabei ist mal darüber zu sprechen.

Jedenfalls hilft es vielleicht einem von euch auch weiter meine Bewegungsübungen zu machen, also sich körperlich so richtig auszupowern.

Oder eben die Konzentrationsübungen, mit denen man sich bei Nervosität ebenfalls nachhaltig selbst beruhigen kann. In der Schule und auch zuhause nutze ich das mittlerweile jeden Tag,

Und selbst wenn Lilli mich auch ab und zu nervt: Verzichten wollte ich trotzdem nicht auf sie.

Und andersrum auch nicht. Deswegen hat sie mich gefragt, ob wir meinen Entspannungstipp auch in ihr Heft schreiben können. Hoffentlich konnte ich damit jemandem weiterhelfen. Das würde mich echt total freuen! Wundern würde es mich allerdings aber nicht, weil die Übungen echt gut sind.

Gruß von
Max

Notizen zu den Übungen von Max:

Auspowern, Achtsamkeitsübungen, lautes

Schreien, Atemübungen ----------------------------------

_____

_____

_____

_____

_____

_____

_____

_____

_____

_____

_____

_____

_____

_____

_____

_____

Übung mit Oma:

Ich bin die Oma von Lilly, Max und einem Haufen weiterer Enkel. Da wären zum einen die älteren Brüder von Lilli und Max, dann aber auch noch ein Haufen Cousinen und Cousins.

Ich helfe in meiner Familie mit so gut es geht, aber manchmal bin ich ganz schön erschöpft und dann gleichzeitig auch überreizt.

Daher kommen wir hier also jetzt zu *meinen* Entspannungsübungen.

Eigentlich sind es eher Entspannungstipps. Man muss es nämlich nicht üben. Also: Ich mache jeden Mittag ein kleines Nickerchen.

Alte Leute und Babys machen das oft. Kinder und Jugendliche finden das eher peinlich, doch das habe ich erst neulich in der Zeitung gelesen, in China ist so etwas ganz normal. Egal für welche Altersgruppe.

Als meine Enkelin Lilly noch ganz klein war, sagte sie einmal, nachdem sie freiwillig zu Bett gegangen war.

„Ich muss mich von meinem Leben ausruhen."

Erst mal haben alle gelacht, aber ich fand, dass Lilly Recht hatte. Manchmal, egal wie alt oder wie jung man ist, muss man sich einfach ein wenig von seinem Leben ausruhen. Ich jedenfalls mache das ganz regelmäßig, und auch nicht erst seitdem ich alt bin.

Man wird einfach viel gelassener nach so einem kurzen Schlaf. Er sollte aber nicht zu lange sein, eine halbe Stunde, auch 20 Minuten reichen völlig aus. Man sollte natürlich darauf achten, dass man dabei auf keinen Fall gestört wird. Ich habe ein Schild gemalt, das ich mir an die Türe hänge, so dass meine Enkel wissen, dass sie in dieser Zeit nicht durch das Wohnzimmer rasen und toben sollen. Es klappt mittlerweile meistens ganz gut.

Mein zweiter Entspannungstipp ist der, dass man etwas tun sollte was man gerne macht.

Ich zum Beispiel backe unheimlich gerne. Während des Backens konzentriere ich mich ganz genau auf das was ich da tue.

Es ist mir nämlich wichtig, dass meine Kuchen als die besten aus der ganzen Umgebung gelten.
Und meine Nachbarin, das alte Plappermaul Wuttke, hat einmal in der ganzen Stadt herumerzählt meine Kuchen seien trocken.

Das konnte ich unmöglich auf mir sitzen lassen.

Also passe ich seither auf wie ein Schießhund, dass alles richtig läuft beim Backen. Ich konzentriere mich auf nichts anderes mehr. Früher hab ich nebenher gebügelt oder Kreuzworträtsel gelöst, aber jetzt mache ich nur jeweils eine Sache – und die aber dafür richtig.

Seitdem ich das mache, ist mir aufgefallen, dass ich, während ich die Butter rühre, die Eier schlage und den Teig zubereite, immer ruhiger und gelassener werde.

Natürlich muss das nicht backen sein. Es kann all das sein, was du gerne tust. Wichtig ist, dass du dich komplett darauf konzentrierst. In dem Augenblick zählt sonst nichts. Du und dein Hobby sind dann das Wichtigste. Alles, wo man sich konzentrieren muss, ist hierfür besonders gut geeignet.

Manchmal höre ich auch Radio ohne mein Hörgerät. Ich muss dann immer ganz genau hinhören, und dabei merke ich auch wie ich ruhiger werde.

Oder ich schaue einen bestimmten Punkt ganz lange an. Eine Kerze oder so... Aber hinterher ausmachen!

Meine Enkelin hat das mal vergessen.

Da war vielleicht was los. Sogar die alte Wuttke kam angerannt, nur weil es ein bisschen gequalmt hat und hat überall dreist herumerzählt unsere Familie sei unberechenbar. Dabei kann ja jeder mal einen Fehler machen. Ist doch logisch. Ich hab ihr gleich mal gesagt was ich von Leuten, die überall tratschen, denke. Na ja, jedenfalls passe ich seither auch auf Kerzen noch besser auf als vorher, und das kann in jedem Fall nicht schaden. Suche also etwas, um deine

Konzentration zu steigern. Das wird dich automatisch entspannen.
Probiere es einfach mal aus. Es wird dir sicher helfen!
Du darfst mich gerne auch Oma nennen.

Meinen echten Namen darf ich hier nämlich nicht verraten, falls meine Nachbarin Wuttke das hier liest. Dann tratscht sie noch mehr über mich. Dabei sind meine Kuchen jetzt erste Klasse, meine Kerzen sicher und ich seither meistens komplett tiefenentspannt.

Aber eigentlich, wenn ich so recht darüber nachdenke, gibt es noch einen Tipp, der sogar noch viel wichtiger ist als der, den ich vorhin genannt habe.

Wenn ich es mir nämlich so hin- und her überlege, dann ist der wichtigste Tipp der, dass es einem ganz egal ist was solche Menschen wie die alte Wuttke über einen tratschen. Mein Tipp ist, dass du dir alles aufschreibst, was du an dir selbst besonders magst.

Wenn du dich nämlich tagtäglich immer nur darauf konzentrierst, was du an dir nicht magst, dann setzt du dich damit viel mehr unter Druck als du merkst.
Daher: Schaue mal darauf was du kannst, worin du gut bist und was dich ausmacht. Bist du zum Beispiel ein guter Freund? Ein hervorragender Zuhörer? Kannst du besonders gut Handstand oder vielleicht

sogar etwas jonglieren? Kannst du Frieden stiften, wenn andere streiten? Zähle für dich selbst auf worin du gut bist, und was du an dir selbst magst. Schreibe es auf! Du sollst es richtig vor dir sehen können.

Verbiegen sollte man sich auch nicht. Meine Enkelin Lilly hat sich mal furchtbar aufgeregt, als sie das Märchen von der kleinen Meerjungfrau gelesen hat.

Die kleine Meerjungfrau hatte sich, fand ich, ziemlich verbogen, um dem Prinzen zu gefallen. Sie hatte ja sogar ihre Stimme dafür hergegeben. Geholfen hat ihr das nicht so viel, wie ich finde, aber vielleicht habe ich das Märchen einfach nicht richtig verstanden.

Lilly jedenfalls wollte damals von mir wissen, ob ich meine Stimme auch für einen Prinzen hergegeben hätte. Na ja, und obwohl meine Stimme nicht so besonders schön klingt: Weggegeben hätte ich sie trotzdem nicht.

Lilly auch nicht. Sie sagte nämlich etwas, das ich sehr klug von ihr fand.

Sie sagte nämlich: „Ich würde mir einen Prinzen suchen, der zu mir passt. Einen mit 'ner Flosse! So zu denken ist ziemlich gut gegen Stress. Wenn man nämlich sich selbst sieht und sich nicht für andere verbiegt, dann hat man seinen Seelenfrieden. Und der, das könnt ihr mir glauben, ist sogar noch besser als Kuchen.

Aber um nochmal auf die alte Wuttke zu sprechen zu kommen. Es ist nicht so, dass ich lästern möchte. Wirklich nicht. Aber glaubt mir: Diese Frau kann einfach nicht entspannt sein. Wenn sie das Eine macht, hat sie schon das Andere im Kopf. Ständig am herumhetzen. Nicht nur über andere Menschen hetzt sie, nein, ich meine also wirklich. Sie rennt die Treppe bei uns hoch das man denkt es würde brennen und dann wieder runter als sei der Leibhaftige hinter ihrer armen Seele her. Beim Altpapier knickt sie ihre Kartons nicht zusammen, so dass ie Tonne für fünf Haushalte schon nach drei Tagen überquillt. Die Rollläden lässt sie so laut herunterkrachen, dass man befürchtet auf der Straße habe es einen Unfall gegeben. Vielleicht denkt ihr, dass das erst mal nichts mit Entspannung zu tun hat. Na ja, mit der Entspannung der Nachbarn ganz sicher nicht. Aber auch nicht mit ihrer eigenen. Sie ist nicht bei der Sache, immer schon einen Schritt weiter, nichts macht sie mit Bedacht. A propos Schritte: Wenn es bei der alten Wuttke nur Schritte wären! Weit gefehlt. Sie trampelt wie eine ganze Büffelherde auf meinem Kopf herum wenn sie in der Wohnung umherstampft. Dabei ist sie nicht fett, das kann ich nicht behaupten. Aber sie stampft so achtlos herum wie sie alles, was sie macht irgendwie ohne Achtung, ohne Konzentration, ohne innere Ruhe macht.

Ich glaube wirklich, dass es da einen Zusammenhang gibt mit ihrem Schnapsverbrauch. Sie bechert öfter mal was um „runterzukommen". Na ja, wenn sie ständig auf 100 ist, so finde ich das ehrlich nicht weiter verwunderlich. Die Schnapsflaschen bringt sie übrigens auch nicht zum Glasmüll. Die finde ich immer im Restmüll. Ihre alten Klamotten ebenfalls. Und die Scherben von dem Geschirr was sie ständig zerschlägt weil sie nicht bei der Sache ist. Was die Wuttke im Lauf ihres Lebens schon zerschlagen hat, hätte die einen professionellen Service für Polterabende anbieten können. Da ist sie sich zu fein um zur Kleidersammlung um die Ecke zu stampfen. Vor nichts Respekt, die alte Wuttke und keine Achtsamkeit in den Dingen. Sie denkt auch nicht weiter. Manche sagen ja, dass man sich vom Denken aufregen würde. Es könnte aber auch anders herum sein. Wenn man gar nicht denkt und immer nur wie ein aufgescheuchtes Huhn in der Weltgeschichte umherrennt, laut gackernd versteht sich, wie soll man dann innerlich zur Ruhe zu kommen. Wenn alles so unordentlich in ihr rumschwirrt und nichts geordnet ist. Ich sage ja, vom den äußeren Dingen kann man viel auf die inneren schließen. Und deshalb versuche ich das Gegenteil von der Wuttke zu machen. Ich falte meinen Karton ganz klein, so, als wäre gerade das in diesem Augenblick das Wichtigste auf der

Welt. Und wenn ich meinen Rollladen schließe, dann ganz vorsichtig und nicht so, dass der Vogel, der drüber nistet vor Schreck aus dem Nest kippt. Das ist auch eine Art entspannt zu bleiben. Finde ich, wenigstens. Allerdings: Um ganz genau zu sein: Solange ich mich über die Wuttke aufrege, bin natürlich auch ich nicht entspannt. Daher mein Tipp: Wuttke & Co nicht so wichtig nehmen. Auf sich selbst schauen und darauf achten, das man bei sich bleibt – und dabei schön entspannt.

Na ja, und weil ich nun eben auch mal ´ne Oma bin (von der wird ja immer erwartet, dass sie ab und zu mal eine Geschichte auf Lager hat) werde ich hier einige meiner besten Entspannungsgeschichten an Euch weitergeben. Beginnen möchte ich mit meiner ersten Geschichte, dem Schnatterhuhn Wuttke.

Das olle Schnatterhuhn Wuttke, ihr ahnt es sicherlich bereits, war unfassbar laut, schnattrig und aufgeregt. Es schoss nur so über dem Hühnerhof, Federn sausten nach allen Seiten davon und selbst dem Hahn verging das Krähen wenn Wuttke an ihm vorbeiraste als ging es um Leben und Tod. „Ist der Fuchs hinter Dir her?", fragte ab und an schon einmal eines der anderen Hühner aus dem Stall.
Aber
Sie fragten allerdings einfach nur so, ins Blaue hinein, oder auch scheinheilig.

Denn jeder wusste, das Rolf, so hieß der Fuchs, eigentlich den ganzen Tag schlief. Er ernährte sich auch nicht von Hühnern, ich kann nicht sagen was er so zu sich nahm, jedenfalls war er das Gegenstück zu Wuttke, dem nervösen Hemd. Und weil ihnen das olle Schnatterhuhn Wuttke so auf die Nerven fiel beschlossen sie, es dem Fuchs zum Fraß vorzuwerfen. Gesagt, getan. In der Nacht schleiften sie es, mit Hilfe des Hofhundes „Wächter", der absolut keine nervösen Hühner mochte, unter großem Gezeter und Gegackere aus dem Stall und zerrten es in den Wald. Getötet hatten sie es nicht. Wahrscheinlich noch nicht einmal aus Gutmütigkeit. Viel eher dachten sie wohl, dass Rolf das Huhn viel lieber selbst zur Strecke bringen wollte. Sie wussten ja nicht, dass Rolf sich so gar nichts aus Hühnern machte. Das war Wuttkes Rettung, aber ich muss eins nach dem anderen erzählen, sonst gerät ja noch alles durcheinander.

Rolf öffnete also so ganz entspannt und ruhig das rechte Auge um herauszufinden was der plötzliche Lärm zu bedeuten hatte. Sein Blick fiel auf etwas so Erstaunliches wie ein übernervöses Huhn. Als Wuttke sah, dass Rolf auch noch die Augen öffnete wurde sie noch fahriger und beinahe hysterisch. „Er wird mich fressen, mit Feder und Knochen" jammerte sie. Es war zum Steinerweichen. Von dem Lärm wurde Rolf wach: „Was ist denn hier nur los?", wollte er, etwas ungehalten wissen. Er konnte es nicht leiden geweckt zu werden. „Ich werde sterben", schluchzte Wuttke. „Was?", Niemand wird her sterben, es sei denn ich kann jetzt wegen Dir nicht weiterschlafen. „Die klapperte Wuttke nur noch ein paar Mal leise mit ihrem Schnäbelchen und war dann still. „Geht doch", brummte Rolf zufrieden, drehte sich auf die Seite und schlief weiter. Da Wuttke nicht so recht wusste wohin, tat sie es ihm gleich. Sie schlief zwar im Stehen, trotzdem war sie so entspannt wie nie. Es könnte mit Rolfs gemütlichem, nicht zu lautem sondern gerade richtig beruhigenden Schnarchen zusammenhängen. So wurden sie von Dotti gefunden, der italienischen Katze der Tierärztin, die immer mal wieder ihre Runden drehte um nach dem Rechten zu sehen. Dotti war, vielleicht hängt das mit ihrer italienischen Heimat zusammen, die Ruhe in Person. Als sie die beiden da so friedlich schlafen sah, kringelte sie sich zu einem winzigen schwarzen Bündelchen zusammen und schnurrte, während Rolf schlief. Das gefiel Wuttke. Sie öffnete aus Neugier kurz ein Auge, aber nur um es gleich darauf wieder zu schließen. Wenn Ingrid, eine flatterhafte Spatzendame, die drei nicht auf dem Hof verpfiffen hätten dann würden sie, da bin ich mir recht sicher, heute noch schlafen. Aber halt, das Pfeifen von Ingrid war so melodisch, dass man es nicht wirklich verpfeifen nennen konnte. So geweckt zu werden war durchaus etwas Angenehmes. Dieses zarte Vogelstimmchen!

Wuttke und Dotti streckten sich, auch Rolf erhob sich, verzog sich zum Fressen hinter einen Holzstapel und kehrte dann wieder zurück. Entspannung pur, kann ich Euch sagen. Und obwohl sich Füchse und Hühner oder Katzen und Vögel nicht unbedingt immer so gut verstehen: Der gemeinsame Wunsch nach Entspannung stand über allem. Das könnt ihr mir glauben. Könnt Ihr in Eurer Sportklasse auch mal ausprobieren. Einfach nicht vom Nachbarn oder der Nachbarin aus der Ruhe bringen lassen. Dann klappt das mit der Entspannung.

Alles Liebe! Oma

Notizen zu den Übungen von Oma:

Mittagsschlaf, das tun, was man gerne tut, Konzentration darauf, Meinung anderer nicht so wichtig, nur eigene Meinung zählt, sich nicht „verbiegen", eigene Stärken entdecken...

Entspannen mit Mama:

Ich bin die Mutter von Lilly und ihren Brüdern. Meine persönlich bevorzugte Entspannungsmethode- (natürlich brauche ich eine bei drei Jungs und einem Mädchen) ist die Meditation. Zuerst mache ich es mir natürlich bequem. Danach achte ich nur noch auf meine Atmung. Ich fühle wie die Luft in meinen Körper fließt; ganz gleichmäßig. Mein Brustkorb hebt und senkt sich. Ich spüre wie der Atem wieder aus meinem Brustkorb fließt, ganz harmonisch und gleichmäßig. Nur mein eigener Atem zählt in diesem Augenblick. Andere, störende Gedanken oder auch Geräusche haben keine Chance. Ich achte nur auf meinen Atem. Allerdings müssen wir nochmal von vorn anfangen. Bei der Sitzposition nämlich. Das habe ich vor lauter Atmen ganz vergessen. Ich sitze also so auf dem Boden im Lotus-Sitz, das heißt wie in einer Art Schneidersitz, nur dass man sich noch ein bisschen mehr anstrengt und die Beine jeweils über Kreuz auf den Oberschenkel legt. Dann öffne ich meine Hände und lege sie, mit den Handflächen nach oben, auf die Oberschenkel. Nun beginne ich die Atemzüge zu zählen und beginne bei 1, dann zähle ich bis 10 durch und wieder rückwärts.

Während ich zähle wird mein Atem immer ruhiger, und auch ich werde immer ruhiger. Das ist bei meinem Alltag wirklich wichtig, könnt ihr mir ruhig glauben. Später dann, wenn ich sozusagen in der

Meditation „angekommen" bin und alles von selbst läuft, höre ich auf zu zählen.

Es ist ein wunderbares Gefühl von innerer Ruhe und Frieden, das sich da einstellt.

Ich kann es also weiterempfehlen. Man sollte es aber am besten zu Beginn mit einer Meditationstrainerin machen.

Das gilt, denke ich, für die meisten Übungen, die ich und meine Familie hier vorstellen.

Alles Liebe **„Mama"**

P.S.: So werde ich nun mal genannt. Ihr dürft aber auch „Magdalena" sagen.

So heiße ich nämlich wirklich. Vielleicht ist es doch wichtig das zu erwähnen.

Gerade Mamas sind nämlich auch Menschen, oft vergessen sie das, was ebenfalls eine Quelle von Stress darstellen kann.

Ich singe aber auch, tanze und male.

Persönlich denke ich, dass Stress im Kopf anfängt und damit, was wir von uns selbst fordern und verlangen.

In der Meditation werden solche Dinge plötzlich ganz klein.

Manchmal ging es mir schon so, wenn ich in einem Flugzeug saß.

Wenn man alles so von oben sieht, wundert man sich über das rasende Hamsterrad, in das man sich häufig selbst jeden Tag aufs Neue begibt.

Notizen zu den Übungen von Mama:

Entspannen mit Frau Wuttke:

Mein Name ist...ach, man kennt mich hier ja ohnehin nur als „Wuttke". Da stehe ich mittlerweile drüber. Glaubt nur nicht, dass mir das entgangen wäre was da alles über mich gesagt wurde. Eine Wilma Wuttken...nein, „Wuttke" reicht, wegen des Datenschutzes, hat ihre Augen überall und die Ohren sowieso. Es stimmt, dass ich etwas nervös bin, der Rest ist aber eine eindeutige Übertreibung. Und die Geschichte mit dem Huhn, also – ich weiß ja nicht. Jedenfalls melde ich mich hier zu Wort, da meine Methode noch gar nicht erwähnt wurde. (Na ja, streng genommen ist sie nicht von mir sondern von einem Mann mit dem Allerweltsnamen: „Schultz" und dann auch noch von einer Therapeutin die nichts besseres vor hat als auch noch „Schulze" zu heißen. Der Ansatz heißt „Schultz & Schulze" und verknüpft das Konzept von Schultz mit ihrem). Ich bin noch nicht lange dabei und trotzdem, finde ich, bin ich schon etwas ausgeglichener.

Daher sollte es mir an dieser Stelle auch erlaubt sein „meine" Methode vorzustellen, oder etwa nicht? Es beginnt mit **Entspannung**, also damit, dass ich mich gemütlich hinlege. Manche sitzen auch in so einer Haltung wie früher die Kutscher, aber damit kann ich nichts anfangen. Das muss jeder selber wissen. Also ich liege dann da und sage zu mir selbst so etwas wie: *„Ich bin ganz ruhig und entspannt."* Ich sage es mir ein paar Mal vor, bis ich es selbst glaube. In unserem Haus ist das nicht immer so einfach. Aber das wisst Ihr ja schon. Bis jetzt war das der klassische Ansatz von Schultz. Jetzt aber kommt Schulze ins Spiel. Ein bisschen hängt das, glaube ich, mit mir selbst zusammen. Ich war nämlich bei dieser Therapeutin, und als wir das klassische Training ausprobierten bekam ich Angst vor einem Wort. Es klingt vielleicht albern, doch bekam ich Angst vor dem Wort: „Ich". Das hängt damit zusammen, dass ich seit dem Tod meines Mannes viel allein bin, und ich mich oft sehr einsam fühle. Das „Ich" erinnert mich dann immer daran, dass ich ganz allein bin. Natürlich, ich kann allein sein. Den Alltag bewältige ich prima, (finde ich jedenfalls), aber wenn es um Entspannung geht, dann bewirkt dieses Wort „Ich" sofort das Gegenteil. Also schlug mir die Therapeutin Schulze eine Abwandlung der Übungen nach ihrer Idee vor. Ihr ist das nicht neu, was mich ein wenig beruhigt. Das Konzept hinter der „Schulze-Methode" ist das, dass Menschen sich in der Symbiose tiefer entspannen können. Sie unterstützt daher innere Bilder, die an eine Symbiose erinnern. Ich weiß, im Alltag kann es diese Symbiose, diese nahe Verbindung zu einem anderen Lebewesen, nicht immer geben, soll es auch nicht. Am Ende müssen wir selbst klar kommen. Doch für eine kleine Pause vor dem Alltag eignet sich diese Übung ganz hervorragend. Es werden also Elemente einer Symbiose zu den Übungen hinzugefügt, was erst einmal viel leichter ist als man denkt. Man sucht sich aus mit wem man die Übung in der Symbiose durchführen will. Mein Katerle Merlin kam mir sofort in den Sinn. Also sieht eine solche Übung, (hier mit Merlin), so aus: Ich sage mir, klassisch wie bei Schultz", dass ich ganz entspannt bin und ergänze es dann mit einem: *„Wir sind ganz entspannt".* Dabei stelle ich mir innerlich meinen Merlin vor, wie er zusammengekringelt neben mir liegt und schnurrt. Diese Schwingungen, dieses Schnurren sind einfach schon einmal ein perfekter Einstieg für mich. Wenn ich mich dann schön entspannt fühle, kommt die sogenannte **„Schwereübung**" dran.

Diese geht so: Ich sage zu mir selbst: *„Mein rechter Arm wird angenehm schwer*".

Wichtig ist, dass ich: *„angenehm*" sage. Zu schwer sollte sich das alles ja nicht unbedingt anfühlen. Jetzt kommt wieder Merlin ins Spiel. Bei der „Schulze"-Variante wird der Arm nämlich nicht von allein schwer. Nichts passiert von „allein". Darum geht es ja gerade. Nein. Merlin, meine Katze, hat es sich neben mir bequem gemacht und ist auf meinen Arm geklettert. Merlin ist noch jung und nicht sehr schwer, so dass es wirklich angenehm ist. Wäre sie groß, würde ich mir vielleicht vorstellen, dass sie neben meinem Arm liegt und nur zwei Pfötchen auf meinen Arm legt. Das kommt auf die Einzelsituation an. Nun spüre ich nicht nur die Wärme, sondern, dank der Erweiterung, auch das weiche Fell meiner kleinen Katze. Ich höre sie noch immer schnurren und kleine Glücksschauer überlaufen mich. Mit Merlin zusammen macht mir das Training viel mehr Spaß. Ich fühle mich nicht mehr allein.

Dies wiederhole ich anfangs bis zu fünf oder auch sechsmal, bevor ich mich auf den anderen Arm, auf beide Arme, die Beine und schließlich alle Glieder des Körpers konzentriere. Merlin darf nun überall Platz nehmen wo er mag, es sei denn, es wäre mir nicht angenehm. Dann schicke ich ihn in Gedanken woanders hin. Immer so, dass es uns beiden gefällt.

Nun sage ich mir: „Alle meine Glieder sind angenehm schwer," und: „Meine Katze ist bei mir." Allein das tut schon so richtig gut. Für eine Weile stelle ich mir Merlin wieder ganz genau vor. Seine Bewegungen, wie er sich wohlfühlt, seine geschlossenen Augen, die er immer schließt, wenn er etwas ganz besonderes genießt. Es ist aber erst der Anfang, denn danach geht es mit der sogenannten **„Wärmeübung"** weiter.

Ich sage mir jetzt: *„Angenehme Wärme strömt durch meinen rechten Arm".* Ihr werdet es kaum glauben, aber man fühlt es wirklich! Probiert es mal aus. Wie auch schon bei der Schwereübung breitete sich diese Übung über den anderen Arm, beide Arme und die Beine, schließlich über alle Gliedmaßen des Körpers aus. Sobald ich soweit bin, sage ich mir:

„Angenehme Wärme durchströmt meine Glieder."
Dann denke ich: „Merlin wärmt mich". Ich denke an die Wärme seines Fells wenn er im Winter an der Heizung saß oder draußen auf der Treppe in der Sonne lag. Diese warme Katze ist nun bei mir und wärmt mich. Sie bringt das Kuschelige der Heizung mit sich, ebenso wie die Schönheit des Sommers, wenn sie in der Sonne lag.

Wichtig ist auch hier, dass ich: *„angenehm"* sage. Ich möchte ja nicht das Gefühl haben zu schwitzen. Soll also alles im angenehmen Rahmen bleiben. Das versteht sich ja wohl von selbst. Und mit Merlin kann es ja eigentlich gar nicht anders als angenehm sein. Aber trotzdem.

Dann kommen wir zum Herzen. Ich habe mir das

übrigens vor meinen Übungen beim Arzt untersuchen lassen, so für alle Fälle.

„Auf Herz und Nieren geprüft", wie man so sagt. Aber da mit meinem Herzen alles in Ordnung ist, spricht auch nichts gegen die **„Herz-Übung"**.

Die „Herz-Übung" geht so: Ich stelle mir vor wie mein Herzschlag nun langsamer und ruhiger wird. Manchmal komme ich aus dem Konzept, wenn im Treppenhaus Lärm ist, zum Beispiel, aber nach ein paarmal Üben- und mit Merlin an meiner Seite- ist auch das besser geworden.

Mir sagte man ja nach, dass ich Lärm für zwei machen würde. Aber das hat wahrscheinlich schon auch mit meiner Einsamkeit zu tun.

Ich habe mir jetzt vorgenommen etwas dagegen zu unternehmen. Aber auch abgesehen davon möchte ich Einiges ändern. Das geht auch noch in meinem Alter. Und das ist ja das Gute an der Sache. Ich sage mir dann: „Mein Herz schlägt ruhig und regelmäßig."

In meinen Gedanken stelle ich mir nun Merlins kleines Herz vor. Wie ruhig es schlägt, wenn er schläft. Ich weiß, das ist nichts für Jedermann. Manch einer würde es seiner Katze nicht erlauben einfach ins Bett zu springen. Doch da Merlin immer macht was er will, kringelt er sich oft genau neben meinem Kopf zusammen. Vor allem dann, wenn ich Kopfschmerzen habe. Auf diese Weise konnte ich sein Herz bereits oft schlagen hören. Jetzt muss ich es mir nur nochmal vorstellen. Das ist ganz leicht.

Wie Ihr seht, bemüht sich eine Wilma Wuttke darum ruhig zu werden. Da kann sich so Manche-(sie wird schon wissen wer gemeint ist), ruhig eine Scheibe von abschneiden. Nach dieser „Herz"-Übung bin ich dann sozusagen die Ruhe selbst. Das ist aber noch lange kein Grund aufzuhören.

Jetzt geht es mit der **„Atemübung"** weiter. Die hilft mir sogar beim Treppensteigen, aber noch liege ich ja.
Also ich liege da so total entspannt und sage diesen Satz zu mir selbst:
„Mein Atem geht ruhig und gleichmäßig."
Wieder denke ich nun an den schlafenden Merlin, das geht nun automatisch.
Wie er geschnarcht hat war einfach hinreißend. Nicht so laut wie mein Mann Otto, das war schon ein bisschen sehr laut, aber mein Merlin hat mich immer nur beruhigt.
Auch jetzt bei dieser Atem-Übung.
Diese Übung vertieft die Entspannung noch, auch wenn man vorher dachte, dass man sich unmöglich noch tiefer entspannen könnte. Weit gefehlt. Jetzt kommt nämlich noch meine absolute Lieblings-Übung, nämlich die **„Bauch-Übung"**.

Logisch, dass meine Katze sich es nun auf meinem Bauch bequem gemacht hat. Sie hat gerade das richtige Gewicht.

Ich sage zu mir „Wärme strömt durch meinen Bauch."

Das ist besser als eine Wärmflasche im Dezember, viel besser, weil Merlin in Gedanken bei mir ist. Bei all der Wärme sollte man aber dennoch, wie immer im Leben, möglichst einen kühlen Kopf bewahren. Deswegen beende ich das Training mit der sogenannten **„Kopf-Übung"**, bei der ich mir schließlich sage:

„Meine Stirn ist angenehm kühl". Hier stupst mir Merlin ganz vorsichtig mit seinem Schnäuzchen auf die Stirn. Gerade so, dass es angenehm ist.
Ich fühle mich sehr geborgen und nicht allein.

Was dann noch folgt ist das sogenannte:
„Zurücknehmen".
Das macht man, um wieder im Alltag zu landen. Oft würde ich gern noch ein bisschen länger üben, aber wie es eben so ist: Irgendwann muss man auch die schönste Übung beenden. In diesem Fall sage ich dann: „Ich atme tief durch und öffne die Augen". Bevor ich aufstehe, räkle ich mich allerdings noch ein bisschen, genau wie Merlin übrigens auch. Von Katzen kann man zu diesem Thema sehr viel lernen. Soviel steht fest. Danach fällt es mir nicht zu schwer

wieder aufzustehen. Merlin macht noch einen Katzenbuckel und dehnt sich, dann gehen wir beide wieder zur Tagesordnung über. Geübte Trainierende können die Übungen dann „zusammenfassen".

Aber so weit bin ich noch nicht.

Ich bemühe mich daher erst einmal darum eines nach dem anderen zu machen. Wäre das auch etwas für Euch? Warum eigentlich nicht, oder?

Mir jedenfalls hilft es. Meine Therapeutin sagt, dass es keine Katze sein muss. Es kann ein anderes Tier sein, ein Hund, ein Fabelwesen, ein realer Mensch. Der würde dann bei der Bauchübung vielleicht seinen Kopf auf Deinen Bauch legen.

Man muss es ausprobieren.

Das ist das Gute an dieser Methode. Man ist nicht allein.

Für mich ist das mit dem Allein- Entspannen etwa so verlockend wie allein auf den Rummel zu gehen. Deswegen bin ich so froh über diese Möglichkeit.

Aber jeder muss selbst entscheiden und selbst ausprobieren.

Das ist sowieso klar.

Jedenfalls kennt Ihr nun die „Schultz und Schulze"-Methode auch.

Entspannte Grüße von

„Wilma Wuttke" und Merlin.

Meine eigenen Tipps:

(Notfall-Tipps und Langzeit-Tipps)

Wenn Du mir schreibst, schicke ich Dir eine Entspannungsdatei gratis.

CJ.Schulze@gmx.de

Wie kann ich sie anwenden?

(Beispiele)

Meine eigenen Übungen:

(nach Wirksamkeit geordnet)

Dieses Buch / Arbeitsheft wurde mitermöglicht durch die „Bärbel Schulze Stiftung für therapeutisches Lesen und Schreiben". Diese unterstützt die Kinderhospizarbeit in Deutschland, Österreich und der Schweiz.

- Dieses Entspannungsbild steht für das Element Luft.

Binde es in eine Entspannungsübung oder eine Phantasiereise mit ein. Du kannst es auch verändern und Deinen Bedürfnissen anpassen.

55

Claudia J. Schulze (Text) ist unter anderem Autorin und Bibliotherapeutin. Studium der Psychologie, Philosophie Pädagogik und der vergleichenden Literaturwissenschaften.

Sie arbeitet in eigener Praxis psychotherapeutisch mit Kindern, Jugendlichen und Erwachsenen, und entwickelt interdisziplinäre therapeutische Materialien.

Bereits in ihrer Diplomarbeit, später dann auch während ihrer Promotion, befasste sie sich mit der Frage, inwiefern Literatur sich auf therapeutische Prozesse positiv auswirkt. Kontakt: CJ.Schulze@gmx.de Praxis Dr. Claudia J. Schulze, Grünberger Str. 8, 78052 VS-Villingen

Anke Hartmann (Illustrationen) ist Künstlerin, Illustratorin, Kinderbuchautorin und Geschäftsführerin einer Leipziger Grafik-Werkstatt und des Raumkind-Verlages. Ihre ausdrucksstarken und liebevoll gestalteten Bilder erfreuen sich großer Beliebtheit. Anke Hartmann ist Autorin des Buches: „Die letzte Reise" (Raumkind Verlag) (Kleine Träumereien am Lindenauer Markt, Leipzig).

Entspannungsbilder

Dieses Entspannungsbild steht für den Wald.

Binde es in eine Entspannungsübung oder eine Phantasiereise mit ein. Du kannst es auch verändern und Deinen Bedürfnissen anpassen.

Dieses Entspannungsbild steht für Weite und Schnee.

Binde es in eine Entspannungsübung oder eine Phantasiereise mit ein. Du kannst es auch verändern und Deinen Bedürfnissen anpassen.

Dieses Entspannungsbild steht für Ruhe.

Auch für die Jahreszeit des Herbstes, in der die Natur zur Ruhe kommt und sich ausruhen kann.

Binde es in eine Entspannungsübung oder eine Phantasiereise mit ein. Du kannst es auch verändern und Deinen Bedürfnissen anpassen.

Dieses Entspannungsbild steht für die Nacht.

Binde es in eine Entspannungsübung oder eine
Phantasiereise mit ein. Du kannst es auch verändern
und Deinen Bedürfnissen anpassen.

Dieses Entspannungsbild steht für die Natur.

Binde es in eine Entspannungsübung oder eine Phantasiereise mit ein. Du kannst es auch verändern und Deinen Bedürfnissen anpassen.

Dieses Entspannungsbild steht für Geborgenheit.

Binde es in eine Entspannungsübung oder eine
Phantasiereise mit ein. Du kannst es auch verändern
und Deinen Bedürfnissen anpassen.

Glücksbuttons von Anke Hartmann als mögliche therapeutische Materialien

Glückskästchen Ein Hinweis: In der therapeutischen Arbeit kann auch mit „Postern", mit „Glücksbuttons" oder „Glücksschächtelchen" gearbeitet werden. Diese können zu äußeren – und inneren Begleiter der Kinder werden und somit therapeutische Prozesse „verankern" und unterstützen. Postkarten oder Poster sind auch möglich.

Nachtflüge

Geschichten zwischen den Welten

Claudia J. Schulze
Anke Hartmann

Band 1

Rabenfedern
bringen Glück

Geschichten über Freundschaft und Mut

Claudia J. Schulze
Anke Hartmann

Band 2

Nebelträume

Claudia J. Schulze / Anke Hartmann

Band 3

Korax und das
Geheimnis der Kürbisse

Claudia J. Schulze
Anke Hartmann

Band 4

Zauberbücher~

Fragenkatalog zur „Lukas~Reihe"

Praktische Bibliotherapie

Claudia J. Schulze / Anke Hartmann

Morgensterne

Bibliotherapie für Kinder

Claudia J. Schulze
Anke Hartmann

Die Reise nach Holland Freundes- Geschichten

Claudia J. Schulze / Anke Hartmann

Mit Fragenkatalog und Fragebogen